BOEKANALYSE

De Les

· · · · · · · · · · · · · · · ·

Eugène Ionesco

BOEKANALYSE

Geschreven door Baptiste Frankinet
Vertaald door Nikki Claes

De Les

Eugène Ionesco

EUGENE IONESCO

FRANS TONEELSCHRIJVER EN ESSAYIST

- **Geboren in 1909 in Slatina (Roemenië)**
- **Overleden in 1994 in Parijs**
- **Enkele van zijn werken:**
  - *De kale cantatrice* (1950), toneelstuk
  - *Rhinoceros* (1959), toneelstuk
  - *Le roi se meurt* (1962), toneelstuk

Eugène Ionesco, geboren uit een Roemeense vader en een Franse moeder, kwam een jaar na zijn geboorte in Frankrijk aan en werd in 1951 in Frankrijk genaturaliseerd. Zijn theaterwerk (*La Cantatrice chauve*; *La Leçon*, 1951; *Les Chaises*, 1952, enz.) heeft zijn sporen nagelaten in de literatuur: vandaag is hij een van de meest gespeelde Franse toneelschrijvers ter wereld. Omdat hij graag begrepen wil worden, heeft hij veel commentaren op zijn werk achtergelaten (*Notes et contre-notes*, 1962; *Journal en miettes*, 1967, enz.). In 1970 werd hij verkozen tot lid van de Académie française.

Ionesco is de leider van het theater van het absurde, een nieuw theatergenre dat in de nasleep van de Tweede Wereldoorlog (1939-1945) de regels van het klassieke theater uitdaagde.

DE LES

DE ABSURDE LES VAN EEN LERAAR AAN ZIJN LEERLING

- **Genre:** theater (tragedie)
- **Referentie-uitgave:** *La Leçon*, Parijs, Gallimard, collectie "Folio théâtre", 1994, 131 blz.
- **1ʳᵉ uitgave:** 1951
- **Thema's:** verleiding, moord, verlangen, taal, macht, onderwijs

De les is een eenakter geschreven in 1950 en een paar maanden later opgevoerd. Daarin portretteert Ionesco een oude leraar die een jonge student bij hem thuis ontvangt voor privé-lessen. Naarmate het stuk vordert, wordt de les ingewikkelder en loopt de communicatie tussen leraar en leerling stuk. Het verhaal eindigt met de moord op de jonge vrouw door haar leraar.

Tegenwoordig is *De les* een van Eugène Ionesco's meest gespeelde en meest gelezen toneelstukken. Deze tragedie heeft de bijzonderheid dat iedereen haar op zijn eigen manier kan interpreteren.

SAMENVATTING

Het stuk is niet verdeeld in scènes of handelingen. Het wordt gespeeld door drie personages: de leraar, de leerling en het dienstmeisje van de leraar.

EEN HEEL BIJZONDERE LES

Een jonge studente die zich wil voorbereiden op de "total doctorate competition" om haar ouders tevreden te stellen, gaat naar een leraar voor privé-lessen.

Eerst bespreken ze banaliteiten, een gelegenheid voor de professor om de basiskennis van het meisje te testen. Wanneer het meisje de professor vertelt dat ze "tot zijn beschikking staat" (p. 33), wekt ze begeerte bij hem op, en wordt duidelijk dat de relatie tussen twee personages dubbelzinnig is. De wellustige aard van de leraar wordt in de didascalia onderstreept (zijn uiterlijk wordt bijvoorbeeld vaak beschreven als "libidineus") en komt ook naar voren in merkwaardige regels, zoals wanneer hij wiskundige bewerkingen uitlegt door ze te illustreren met vergezochte voorbeelden die verwijzen naar het lichaam van de leerling: "Als je twee neuzen had gehad, en ik had er een afgescheurd... Hoeveel zou je er nu nog over hebben?" (p. 45).

Hij gaat dan verder met een les in rekenen. De les begint met een vraag en antwoord sessie. Maar de jonge studente, die aanvankelijk briljant leek, onthult gaandeweg grote leemten in haar kennis. Zo lijkt de leerkracht zich, wanneer zij de optling op het eenvoudigste niveau bespreken (1 + 1, 2 + 1, enz.), overdreven te verwonderen over het feit dat zij dit elementaire kennisniveau beheerst. Maar wanneer hij zich bezighoudt met aftrekken, beseft hij dat zij in staat is na te denken over eenvoudige gegevens (zij kan 4 – 3 niet oplossen of weten of 3 groter is dan 4). Paradoxaal genoeg is zij in staat tot uiterst complexe berekeningen (blz. 52), omdat zij alle mogelijke vermenigvuldigingen uit het hoofd heeft geleerd.

EEN VOORSPELLENDE PIJN

De leraar is lichtelijk geërgerd door een succes dat duidelijk niet gepaard gaat met de reflectie die traditioneel voor dit soort oefeningen vereist is. Na de rekenles begint het filologiecollege met de verslechtering van de relatie tussen leraar en leerling. Gedreven door zijn impuls en geïrriteerd door de onderbrekingen van de jonge vrouw, wordt de leraar dreigend.

De student komt alleen tussenbeide om eindeloos te klagen over kiespijn. De lerares roept de werkster, die in de pijn van de leerling onmiddellijk een symptoom ziet van de fatale afloop van de les: ze weet dat dit niet de eerste leerling is die opdaagt voor een privé-les. In feite is dit al de veertigste keer van de dag dat haar baas zo handelt, en het gebeurt elke dag. Ze probeert tussenbeide te komen, maar wordt teruggestuurd naar de keuken.

OP WEG NAAR EEN TRAGISCH EINDE

De leraar, buiten zinnen, beledigt en bedreigt, en begint een hypnosesessie die zich ontwikkelt volgens de eisen van het woord en de almacht van zijn eigen verlangen. Terwijl de leraar om haar heen draait, wordt de leerling gedwongen steeds weer hetzelfde woord te herhalen, "mes", een fatale aankondiging van het lot dat haar te wachten staat.

De jonge vrouw klaagt over pijn in haar keel, schouders, borsten, heupen, dijen en buik. Uiteindelijk zwaait de man met een mes: hij verkracht en vermoordt haar. Zodra de misdaad is gepleegd, raakt de leraar in paniek en roept zijn dienstmeisje om hulp.

Radeloos weigert hij zijn fout toe te geven. Hij wordt echter tot de orde geroepen door het dienstmeisje dat hem, als een moeder, de les leest omdat ze zijn gedrag beu is. De leraar heeft spijt en lijkt zijn daden te betreuren, maar een nieuwe leerling belt aan, waardoor een eindeloze cyclus voortduurt...

KARAKTERSTUDIE

Met uitzondering van het dienstmeisje, dat Marie heet, worden de andere twee personages nooit anders genoemd dan naar hun sociale functie, namelijk "de leraar" en "de student".

Op het eerste gezicht lijken deze personages, die geen identiteit hebben en gereduceerd zijn tot hun status alleen, plat en dun. De regieaanwijzingen geven de lezer echter gedetailleerde informatie over hun ontwikkeling in de loop van het stuk, en over hun onderlinge relaties.

DE STUDENT

Het 18-jarige meisje is fris en vrolijk. Gekleed in een "grijs schort, kleine witte kraag", heeft ze een "handdoek onder haar arm" als accessoire (p. 23). Haar aldus beschreven uiterlijk suggereert dat zij uit een goede, waarschijnlijk burgerlijke, familie komt, hetgeen wordt bevestigd door haar sociale achtergrond ("mijn ouders zijn vrij welgesteld", p. 31; "jong meisje van de wereld", p. 26). Oppervlakkig, ze lijkt geen duidelijke persoonlijke aspiraties te hebben, haar doel is vooral om haar ouders tevreden te stellen door de weg te volgen die zij voor haar hebben uitgestippeld.

Haar karakter evolueert in de loop van het stuk: volhardend, zelfverzekerd, wordt ze geleidelijk gedestabiliseerd en vervolgens overweldigd door de houding en de vragen van de leraar, die ze niet kan beantwoorden. Dan trekt ze zich geleidelijk in zichzelf terug. Ze voelt zich overweldigd. Ze probeert zich echter te laten horen door steeds dezelfde woorden te herhalen ("ik heb kiespijn"), bijna obsessief.

Haar rol in het stuk is des te belangrijker omdat het een bijzondere dimensie geeft aan haar relaties: van de vlotte en beleefde studente van het begin, wordt ze al snel overweldigd door de situatie, een slachtoffer van het overwicht van de professor, onassertief en niet reagerend; een onderwerping die bovendien doet denken aan haar relatie met haar ouders, die haar in zekere zin dwingen dit examen af te leggen ('Mijn ouders willen ook dat ik mijn kennis verdiep. Ze willen dat ik me specialiseer", blz. 30; "Mijn ouders [...] willen dat ik helemaal ga promoveren", blz. 31). Tenslotte verschijnt ze als een inwisselbaar personage; zonder voor- of achternaam, inconsequent, heeft ze geen opvallende persoonlijkheid en gaat ze op in de ongeveer veertig studenten die haar zijn voorgegaan en degenen die haar zullen opvolgen bij de professor.

DE LERAAR

"Hij is het stereotype leraar, zowel in uiterlijk als in zijn aanvankelijk eerbiedige houding. Zijn psychologisch portret blijft echter niet stabiel, maar evolueert aanzienlijk: van slecht op zijn gemak, verlegen, grenzend aan het belachelijke (zijn stem is "nogal vloeiend", p. 24; de ophangpunten tonen zijn talrijke aarzelingen wanneer hij naar zijn woorden zoekt; een didascalie geeft aan dat hij lichtjes stottert), wordt hij dan dominant, en vervolgens pervers tot op het punt van moord, alvorens zichzelf radeloos te vinden als een kleine jongen.

Sociaal gezien belichaamt hij zowel autoriteit als kennis. De vragen die hij aan het meisje stelt zijn echter van een meer dan elementair niveau, en zijn pedagogie singulier: hij complimenteert zijn leerling overdreven, alvorens zijn macht te misbruiken, waarbij hij enerzijds zijn status als leraar gebruikt om zijn leerling te intimideren, en anderzijds zijn baas om zijn dienstmeisje te ontslaan. Deze dubbele dialectiek van leraar/leerling en baas/huishoudster onderstreept zijn relationele moeilijkheden en zijn gevaarlijk instabiele houding. Hij spreekt de leerlinge namelijk eerst zeer hoffelijk aan ("Ik ben slechts uw dienaar", p. 33), spreekt haar beleefd toe, voordat hij haar gaat beledigen en ten slotte bedreigt ("Geen brutaliteit, mignonne, of pas op", p. 76), wat hem er allemaal toe zal brengen een moord te plegen.

De hoofdpersoon in *The Lesson*, die duidelijk lijdt aan een gespleten persoonlijkheid, belichaamt zowel absurditeit als waanzin.

HET RECHT

Marie, het dienstmeisje van de lerares, is een "sterke" vrouw. "45 tot 50 jaar oud", "met een rood gezicht", die een "boerenkapsel" draagt (p. 23). Ze verschijnt dus als een eenvoudige, onopvallende meid in dienst van haar baas, en begroet de leerling op gepaste wijze voordat de leraar arriveert.

Haar psychologisch profiel is echter niet minder complex. Ze toont een zekere dubbelhartigheid, vooral in haar relatie met de leraar. Relationeel gezien gehoorzaamt zij zeker aan de bevelen van haar baas, maar aarzelt niet haar ondergeschikte rol te verlaten om hem openhartig aan te spreken, zelfs om hem op te jagen. Ze komt zelf twee keer tussenbeide om hem te waarschuwen. Wanneer in het lokaal blijft hangen waar de les plaatsvindt, waarschuwt ze hem ("Wees voorzichtig, ik raad je aan kalm te blijven", p 34); "Rekenen [...] het werkt op je zenuwen", p 35), en verstoort vervolgens de les opnieuw wanneer de leraar zich tot filologie wendt om hem te vertellen dat "filologie tot het ergste leidt" (p. 55), voordat ze hem nog een laatste keer waarschuwt door "het laatste symptoom!" te noemen. Het grote symptoom!" (p. 79). Bovendien aarzelt ze aan het eind niet om haar baas te berispen door "sarcastisch" en "zeer hard" (p. 85) te zijn, voordat ze medelijden met hem krijgt en hem geruststelt.

De evolutie van dit personage is cyclisch in die zin dat zij uiteindelijk terugkeert naar de minzame en respectvolle meid die een nieuwe leerling verwelkomt op dezelfde manier als zij de vorige verwelkomde, terwijl zij zich bewust is van de risico's daarvan.

SLEUTELS TOT HET LEZEN

VERHALEND OVERZICHT

Beginsituatie: dit is het begin van het verhaal, het moment waarop de setting wordt bepaald en de personages worden voorgesteld; de situatie is evenwichtig, d.w.z. er is geen reden om te veranderen.

- Aankomst van de leerling verwelkomd door de meid voor het begin van de privéles.

Ontregelend element: dit is een gebeurtenis die de beginsituatie verstoort en het verhaal zelf op gang brengt.

- De dubbelzinnigheid van de woorden van de leerling ("Ik sta tot uw beschikking", blz. 33) die aanleiding geven tot libidineuze impulsen bij de leraar.

Randzaken: dit zijn de gebeurtenissen die door het storende element worden veroorzaakt en die leiden tot de actie(s) van de held om het probleem op te lossen.

- De agitatie en opwinding van de leraar, aanvankelijk ongemakkelijk, nemen toe naarmate hij verschillende onderwerpen aanpakt; de interventies van het dienstmeisje, dat haar baas waarschuwt met min of meer impliciete opmerkingen; het onderricht in rekenen en vervolgens in filologie, dat gepaard gaat met een vertienvoudiging van het verbale geweld van de leraar; de onophoudelijke klachten van de leerling over kiespijn; de toenemende spanning van

de leraar rond het woord "mes", dat hij zijn gehypnoti-
seerde leerling laat herhalen...

Ontknoping: brengt de gebeurtenissen tot een einde en leidt
tot de eindsituatie.

- Verkrachting en moord op het meisje door haar leraar aan
  het einde van een verwarrende lezing.

Eindsituatie: dit is het einde van het verhaal. De situatie is
opnieuw stabiel, zoals de uitgangssituatie, maar ze is
veranderd.

- De leraar raakt in paniek en krijgt al snel gezelschap van
  zijn dienstmeisje dat melding maakt van de begrafenis van
  veertig andere leerlingen, voor de komst van een nieuwe
  leerling.

EEN TRAGEDIE?

Vanaf het begin presenteert Ionesco zijn stuk als een komisch
drama. Het is waar dat hij bepaalde kenmerken van de klassieke tragedie respecteert: er is slechts één hoofdhandeling
(een les van een leraar aan zijn leerling) die zich op één plaats
afspeelt (het huis van de leraar) en in een vrij korte periode.
De plot volgt een normaal dramatisch verloop:

- een tentoonstelling, waarin het kader van het verhaal wordt
  geschetst;

- een knoop die geleidelijk ontstaat in de relatie tussen de
  leraar en de leerling;

- een einde dat wordt gemarkeerd door de dood van de
  student.

Bovendien kan de lezer/kijker, net als in de klassieke tragedie, het lot van de leerling waarnemen door de tekstuele aanwijzingen die in de dialoog voorkomen. Bovendien gebruikt de leerling meer dan eens het klaagregister ("O, nee! Oh, lieverd! Ik heb er genoeg van! En dan doen mijn tanden pijn, mijn voeten pijn, mijn hoofd pijn", p. 80) en zodra ze de controle over haar gesprekspartner verliest, gebruikt ze een angstig register, vol aarzelingen ("De rozen van mijn grootmoeder zijn ook... geel, in het Frans, ça dit jaune? "(p. 67); "Les... comment dit 'roses' en roumain?" (p. 70); "Neem me niet kwalijk, meneer, maar... [...] ik ken het verschil niet" (*id.*).

Er zijn echter verschillende elementen die ons beletten te bevestigen dat dit een echte tragedie is. Er zijn veel komische elementen die de tragische waarde van het stuk verzachten:

- De spot is alomtegenwoordig in de lessen rekenen en filologie;

- De studente staat ver af van de klassieke tragische held; zij is zich niet bewust van het lot dat haar te wachten staat en, in plaats van moedig te handelen tegenover dat lot, lijkt zij zich neer te leggen en zich volledig onderwerpen aan de welwillendheid van haar leraar;

- de op het toneel getoonde moord niet voldoet aan de regel van fatsoen die inhoudt dat er niets schokkends aan het publiek wordt getoond;

- Het tragische aspect wordt volledig gerelativeerd door de laatste woorden van het stuk. Zodra het dienstmeisje vertelt dat dit de veertigste moord is die gepleegd wordt en dat dit elke dag gebeurt, verdwijnt de dramatiek van de afgebeelde scène volledig en wordt deze vervangen door absurditeit. De aanklacht verwijdert de tragedie van de moordscène en maakt er een non-event van, een betekenisloos feit.

VERVELENDE KOMEDIE

Ook de ondertitel van het stuk, 'Comic Drama', verwijst naar het komische register. Dit wordt gedurende het hele stuk bevestigd. Talrijke middelen worden gebruikt om deze tragedie een komische, zelfs burleske connotatie te geven. De meeste zijn gerelateerd aan de leraar.

Aan het belachelijke karakter van de professor met de "dunne stem" (p. 24) wordt zijn aanvankelijke houding toegevoegd: hij verontschuldigt zich voortdurend: "Ik weet niet hoe ik me moet verontschuldigen dat ik u heb laten wachten... Ik was net klaar... was ik niet, van... Ik verontschuldig me... U moet me verontschuldigen" (p. 27). Zijn onbehagen is alomtegenwoordig. Ophangpunten in overvloed, die misschien een licht gestotter verraden. Hij aarzelt, zoekt naar woorden.

Er was ook een discrepantie tussen het door de student voorbereide "totale doctoraalconcours" en het niveau van de zeer elementaire vragen van de docent. Hij vraagt haar bijvoorbeeld naar seizoenen en laat haar dan de getallen optellen. Wat aftrekkingen betreft, het meisje kan ze niet oplossen. De opmerkingen van de leraar zijn vaak onduidelijk, zelfs betekenisloos (bijv. wanneer hij zegt dat hij in Bordeaux zou willen wonen, hoewel hij de stad niet kent, blz. 27-28). Zijn logica en pedagogie zijn grillig.

In het begin van het stuk maakt de leraar voortdurend gebruik van overdrijving, een fundamenteel element van het komische register. Hij verontschuldigt zich herhaaldelijk en zonder reden: "Ik weet niet hoe ik me moet verontschuldigen [...]. Ik verontschuldig me... Excuseer me..." (p. 27); "Mijn excuses." (*id.*); "Moed... juffrouw... mijn excuses... geduld" (p. 28); "mijn excuses, juffrouw, ik wilde u vertellen" (p. 29); "mijn excuses dat ik u moet tegenspreken" (p. 39). Hij verwondert zich over de zeer rudimentaire en onvolledige kennis van zijn leerling; hij geeft haar overdreven, ongepaste complimenten: "Maar ja, juffrouw, bravo, maar dat is heel goed, het is perfect. Mijn felicitaties", p. 28); "Magnifique! Je bent geweldig! Je bent voortreffelijk. Ik feliciteer u van harte, Miss. [...] Wat de rekening betreft, bent u meesterlijk" (p. 39). Hij gebruikt ook vaak hyperbool, bijvoorbeeld wanneer hij wil weten of zijn leerling niet "uitgeput" is nadat hij haar een optelling heeft laten doen ("Vertel me alleen, als je niet uitgeput bent, hoeveel is vier min drie?", *ibid.*).

Zijn woorden zijn vaak ongepast, zelfs onfatsoenlijk, vooral na de moord op het meisje: "Niet te duur, toch, die kronen. Ze heeft haar lesje niet geleerd. (p. 88) Ten slotte worden elementen genoemd die niet bestaan, zoals de "totale doctoraatswedstrijd" of het "supra-totaal diploma".

Door dit personage wordt de komedie van het stuk absurd.

DE VERNIETIGING VAN DE TAAL

Net als in *De kale cantatrice* probeert Ionesco de communicatieve functie van taal te vernietigen. Hij gebruikt verschillende middelen om dit te bereiken:

- Ten eerste zijn er twee personages die discussiëren zonder echt naar elkaar te luisteren: de leraar heeft het bijvoorbeeld over medeklinkers die "van aard veranderen in slurven", terwijl de leerling herhaalt dat ze kiespijn heeft, en verder gaat zonder daar rekening mee te houden ("Laten we doorgaan", p. 61). De hoofdfunctie van de taal wordt zo tot niets gereduceerd en verschijnt pas weer na de moord;

- in de tweede plaats ontwikkelt Ionesco te veel conventionele taal die betekenisloos is buiten de context waarin ze functioneert. De beleefdheidsformules worden bijvoorbeeld vermenigvuldigd. Ze worden gebruikt om te meten wie de overhand heeft. Aan het begin van het stuk gebruikt de leraar zoveel mogelijk 'Misses', maar aan het eind van het stuk bedelt de leerling met talloze 'Sir's'. Bovendien gebruikt de leraar veel beledigingen, die niet erg passen bij de context waarin de scène zich afspeelt;

- Ten slotte verliezen bepaalde scènes door de veelvuldige herhalingen elke betekenis en wordt de absurditeit van de taal geïntroduceerd.

Deze absurditeit van de taal is zeer aanwezig in de vertaalles. De leraar leert zijn leerling het woord "mes" in alle talen, voordat hij hem het laat herhalen in één taal, het Frans. Bovendien beweert hij hem "neo-Spaans" te leren, een idioom dat niet bestaat. Deze scène is dus representatief voor de zinloosheid van de dialoog tussen de leerling en de leraar. Ook de onophoudelijke herhaling van het woord "mes" ontneemt het zijn betekenis en maakt er een onomatopee van. De klanken [k] en [t] roepen, zoals Ionesco in zijn didascalia suggereert, het mechanische tikken van een klok op.

TAAL ALS SYMBOOL VAN MACHT

In *De Les* lijken de twee personages tot twee verschillende werelden te behoren. De ene, een dominante, gewelddadige man, staat erop een onbegrijpelijk onderwerp te onderwijzen aan de andere, die gedomineerd wordt, niet wil luisteren en volledig op zichzelf gericht blijft. De leraar, geërgerd door het gebrek aan controle over zijn leerling, gebruikt taal als middel om de ander te bezitten. Zijn positie als leraar geeft hem gezag over zijn gesprekspartner en door het gezag van de taal en zijn kennis slaagt hij erin haar volledig te domineren en uiteindelijk zijn leerling te doden.

Het woord, aanvankelijk beheerst door beleefde formules en vriendelijk gedrag, ontsnapt geleidelijk aan alle maat, totdat het het moorddadige object – het mes – reëel maakt. Het mes bestaat namelijk niet materieel; het is de representatieve kracht van het woord dat erin slaagt het meisje te vermoorden.

Tenslotte is het inderdaad de dialoog die de professor tot een soort schizofrenie brengt. Zodra de moord is gepleegd, doet hij alsof hij wakker is geworden en een bewusteloze dubbelganger in zijn plaats is opgetreden. Hij keert terug naar het verlegen en beïnvloedbare karakter dat hij was en weigert te geloven dat hij tot een dergelijke daad in staat was.

EEN SATIRE VAN HET ONDERWIJS

Het stuk biedt ook een karikatuur van het onderwijs. Ionesco heeft er plezier in te laten zien dat de taal die als voornaamste voertuig voor het onderwijs dient volkomen betekenisloos kan zijn. Wanneer de leraar bijvoorbeeld voorstelt de spreekwoordelijke uitdrukking "aan dovemansoren vallen" te analyseren, zegt hij: "Geluiden, Mademoiselle, moeten op de vlieg worden opgevangen door de vleugels, zodat ze niet aan dovemansoren vallen. Daarom is het raadzaam, wanneer u besluit te articuleren, uw nek en kin zo hoog mogelijk op te tillen, op uw tenen te staan, zodat u ziet...". (p. 59) Zo houdt de leraar, in tegenstelling tot zijn beroep van hem verlangt, vast aan een eerstegraads begrip van de uitdrukking die hij probeert uit te leggen.

Bovendien neemt hij vaak een magistrale toon aan om dingen uit te leggen die hij als logisch probeert voor te stellen en die echter totaal ongeloofwaardig zijn. Hij noemt bijvoorbeeld een bepaalde kameraad die aan een uitspraakfout leed: "Hij kon de letter f niet uitspreken. In plaats van f, zou hij zeggen: fontein, ik zal uw water niet drinken. (p. 63) Bij lezing is er duidelijk geen verschil tussen deze twee zinnen. Zo ook bij de verschillende vertalingen van het woord "mes": "Het is voldoende als je het woord mes in alle talen uitspreekt" (p. 79), en later: "Ah, als je erop staat, hals, mes. Het is neo-Spaans...", "Als je wilt, ja, neo-Spaans, [...] En dan, wat is deze nutteloze vraag?" (p. 81).

EEN ONVERBIDDELIJKE UITKOMST

Verspreide aanwijzingen in het stuk kondigen de komende macabere ontknoping aan. Het ritme wordt steeds hectischer, de regels worden uitgewisseld zonder elkaar te beantwoorden in een soort stichomythie, een sequentie waaruit de ophangpunten die we aan het begin van het stuk zagen volledig zijn verdwenen.

De waarschuwingen van het dienstmeisje, eerst mysterieus en impliciet ("Wees voorzichtig, beveel kalmte aan", p. 34; "Je zult niet zeggen dat ik je niet gewaarschuwd heb", p. 35), worden duidelijker naarmate de lerares de overhand krijgt over de leerling, domineert en haar meesleurt in het spoor van haar waanzin.

De schijnbaar onschuldige waarschuwingen van de lerares zelf krijgen een heel andere betekenis in het licht van haar misdaad: "Je zult leren dat alles te verwachten is. (p. 29) Later bedreigt hij haar: "Maak me niet boos! Ik zal niet meer voor mezelf antwoorden." (blz. 72); dan, sprekend over haar tanden: "Ik trek ze voor je uit!" (blz. 74). De dreiging wordt dan duidelijker: "Stilte! Of ik sla je schedel in" (*id.*); "Ik trek je oren eraf, zodat ze geen pijn meer doen, mijn liefje!" (p. 81).

De wellustige aard van de professor wordt in de eerste regels genoemd ("de wellustige glans in zijn ogen zal uiteindelijk een verterende, ononderbroken vlam worden", blz. 26).

De verwijzingen naar de lichaamsdelen van het meisje nemen toe: eerst worden twee zintuigen, de neus en vervolgens het oor, opgeroepen om de les te illustreren. ("Als je twee neuzen had gehad, en ik zou er een van je afgescheurd hebben...", blz. 45; vervolgens, verwijzend naar haar oren: "Jij hebt er twee, ik neem er een, ik eet er een op", *id.*).

Sommige regels verwijzen duidelijker naar de dood, bijvoorbeeld wanneer de leraar tegen de leerling zegt: "Onthoud dit tot de tijd van je dood..." (p. 59), waarop zij onschuldig antwoordt: "O ja, meneer, tot de tijd van mijn dood", waarmee zij zijn woorden onderschrijft zonder zich er echt van bewust te zijn. (p. 59), waarop zij onschuldig antwoordt: "O ja, meneer, tot aan mijn dood...", waarmee zij zijn woorden onderschrijft zonder zich er daadwerkelijk van bewust te zijn.

Het verschijnen van het (onzichtbare) mes dat hij uit een lade haalt en ermee zwaait, kondigt het ergste aan ("Hij zwaaide met het mes voor de ogen van de leerling", p. 80; "het mes doodt...", p. 83). Dan wordt het geweld van het oncontroleerbare woord fysiek geweld: de kracht van de woorden heeft het vlees bereikt, en het tafereel zal zich herhalen – tot uitputting?

EEN WERK DAT REPRESENTATIEF IS VOOR HET THEATER VAN HET ABSURDE

Het onconventionele en burleske *The Lesson toont* menselijke types, of liever gezegd personages die ontmenselijkt lijken, zonder eigen identiteit, met een overdreven karikatuur, en speelt met de thema's dood en absurditeit. Dit zijn thema's die vaak voorkomen in het theater van het absurde.

Volgens criticus Martin Esslin "toont het theater van het absurde [de menselijke conditie] in het bestaan, d.w.z. concrete beelden illustreren de absurditeit van het bestaan op het toneel" (*Encyclopedie van de literatuur*, Parijs, Le Livre de Poche, 2003, blz. 4-5). Hieraan kan worden toegevoegd dat het absurde van het stuk ligt in de oncommuniceerbaarheid, of liever gezegd de moeilijkheid om tussen de personages te communiceren, voor zover we vaak geconfronteerd worden met een dialoog van doven. Dit is significant in *De les* in zoverre de leerling klaagt over zijn fysieke pijn, met woorden die in een leegte vallen, als een litanie van het niets.

Bovendien verandert Ionesco, die "alle registers van de onlogica van de taal bespeelt", "de mens in een pontificale marionet" (*id.*), wat het geval is met de leraar in *De les*.

Volgens Pascal Riendeau, tenslotte, "worden de toneelstukken [van het theater van het absurde] verenigd door hun ongewone karakter en vermengen ze tragische elementen en komische situaties op een ongewone manier", eigenschappen die terug te vinden zijn in het stuk van Ionesco: Ook al is het einde noodlottig, de hilarische woorden en ongerijmde situaties brengen *De Les* op een niveau waar het absurde er alleen op gericht is de personages te beperken tot hun ontmenselijkte toestand.

DE ONTVANGST VAN HET WERK

De Les van Ionesco, die als te avant-gardistisch werd beschouwd of gezien, was niet meteen een succes, noch bij het publiek, noch bij de critici. Ionesco was destijds een onbekende auteur, net als de acteurs en de regisseur.

Hoewel het stuk bij de eerste twee voorstellingen in het Théâtre de Poche op 20 februari 1951 en vervolgens in het Théâtre Lancry in het voorjaar van 1952 een lauw onthaal kreeg, kende het zijn eerste succes in het Théâtre de la Huchette op 7 oktober 1952, toen regisseur Jacques Noël op het idee kwam om *La Leçon te* combineren met Ionesco's eerste toneelstuk, *La Cantatrice chauve*.

In 1957 werd het stuk, dat altijd na *De kale canteres wordt* opgevoerd, een succes. Publiek en critici waren unaniem, en sindsdien is *De Les* onophoudelijk opgevoerd en in alle talen vertaald. Het wordt nog steeds over de hele wereld uitgevoerd.

Voor de toneelschrijver zijn het komische en het tragische register onafscheidelijk en zelfs inwisselbaar, wat enerzijds de complexiteit en de dubbelzinnigheid van zijn stukken en de onverwachte van het publiek verklaart.

MOGELIJKHEDEN TOT BEZINNING

EEN PAAR VRAGEN OM OVER NA TE DENKEN...

- Identificeer de kenmerken van het absurde in dit stuk. Rechtvaardig dit.

- Beschrijf de drie personages. Stel je voor wat ze symboliseren gezien de historische en politieke context van die tijd, want het stuk is geschreven in 1950.

- Welk wapen gebruikt de leraar om zijn leerling te vermoorden? Waarom denk je dat Ionesco in een didascalia stelt dat dit wapen denkbeeldig kan zijn?

- Let op de aanwezigheid van verschillende objecten in *De Les*. Welke vorm nemen ze aan en welke rol spelen ze in dit stuk? Kunt u een parallel trekken met het toneelstuk *Les Chaises*?

- Leg de rol van taal in dit stuk uit en vergelijk die met de rol speelt in andere stukken van Ionesco.

- Zoek overal in het stuk naar aanwijzingen die het einde aankondigen.

- Identificeer de komische elementen in het stuk. Wat is hun doel?

- Kunnen we zeggen dat *De Les* een tragedie is?

- Er is beweerd dat *De Les* een toneelstuk van metamorfose is. Wat is jouw mening? Motiveer je antwoord met voorbeelden.

- *De Les* is een spel van het absurde. Vergelijk het met andere toneelstukken uit dezelfde stroming, zoals *De kale cantatrice* of *Wachten op Godot* (1952) van Samuel Beckett (Ierse schrijver, 1906-1989). Wijs op de verschillen en overeenkomsten tussen deze toneelstukken.

OM VERDER TE GAAN

REFERENTIE-UITGAVE

Ionesco E., *La Leçon*, Parijs, Gallimard, collectie "Folio théâtre", 1994.

BENCHMARKSTUDIES

Esslin M., *Le théâtre de l'absurde*, Parijs, Éditions Buchet Chastel, 1992.

Encyclopedie van de literatuur, Le Livre de Poche, 2003.

Ionesco E., *Notes et contre-notes*, Parijs, Gallimard, collectie "Folio essais", 1966.

"Het verhaal", in *Théâtre de la Huchette*, geraadpleegd op 4 november 2011. http://www.theatre-huchette.com/un-peu-dhistoire/spectacle-ionesco/lhistoire/

Riendeau P., "Absurd (theater van het)", in *Le Dictionnaire du littéraire*, Parijs, PUF, 2002.

*We horen graag van jou! Laat
een reactie achter op jouw online bibliotheek
en deel je favoriete boeken op social media!*

De uitgever garandeert de betrouwbaarheid van de gepubliceerde informatie, die echter niet onder zijn verantwoordelijkheid valt.